BAYONNE

ET

LE PAYS BASQUE EN 1528

(Extrait du voyage d'un Ambassadeur Vénitien en France et en Espagne).

Traduit de l'Italien

(Édition de 1718)

PAR

M. H. O'SHEA

BAYONNE
IMPRIMERIE A. LAMAIGNÈRE, RUE CHÉGARAY, 39
—
1886

BAYONNE ET LE PAYS BASQUE EN 1528

*(Extrait du voyage d'un Ambassadeur Vénitien
en France et en Espagne).*

TRADUIT DE L'ITALIEN (Édition de 1718)

PAR M. H. O'SHEA

Ce qu'il y a de plus intéressant dans une œuvre littéraire comme dans une œuvre d'art ; ce qui, du moins, a le don de m'attirer le plus, c'est l'homme qui vit sous les idées que cette cause manifeste ; c'est la structure de son cerveau, la constitution de l'être humain dans ce qu'il a de plus intime, c'est-à-dire sa manière de penser et d'agir, de pratiquer la vie ; la direction qu'il a donnée à son activité ou celle que le milieu imprime à son cœur ou à son esprit. Permettez-moi donc de vous présenter en quelques lignes le magnifique seigneur André Navajerio, en compagnie duquel nous allons faire un court voyage dans le pays basque espagnol et français. Et pour cela regardons le beau portrait que Raphaël nous en a laissé, qui est aujourd'hui au palais Doria et dont il existe une douteuse répétition au Musée de Madrid. C'est une belle tête, fine, intelligente et virile, couverte d'une élégante toque de velours noir, qui s'harmonise on ne peut mieux avec la longue barbe légèrement arrondie et le sombre, mais riche costume dont il est vêtu. Nous avons devant nous le type du patricien de Venise au commencement du XVIe siècle, à l'attitude tranquille et digne, à l'air grave et un peu hautain, comme il convient à quelqu'un qui jouit de la confiance du conseil des Dix, dont le nom est inscrit au Livre d'Or, à côté d'un Foscari, d'un Lorédan ou d'un Vendramin, et que Venise a jugé digne de débattre ses intérêts avec un Charles-Quint et un François Ier. Navagerio, né en 1483, appartient à cette époque de l'histoire, à la Renaissance ; cette porte dorée, qui ouvrit l'ère de toutes les décadences, n'était qu'entr'ouverte. Les volontés n'avaient pas encore eu le temps de s'amollir dans le sensualisme ; le sentiment conservait de la vitalité ; mais on s'aperçoit déjà que l'enthousiasme passe et que la curiosité commence ; que le cœur remonte au cerveau, où il fait encore clair, mais où il ne fait plus bien chaud ; que les livres vont remplacer les passions, que les mots vont remplacer les choses, que la pensée, si ardente et si fluide pendant le moyen âge, va se figer en un cristal qu'iriseront les tons chatoyants de la fantaisie, qu'un art exquis, sollicité par l'orgueil, transformera en une fleur merveilleusement ouvragée, mais sans sève et sans parfum. Dans ce renouvellement du paganisme, les esprits se mettent tous à regarder en arrière, se tournent vers la classique antiquité, pour lui emprunter les décors de sa civilisation en se gardant bien d'en reproduire le génie ou d'en imiter les vertus. Mais l'esprit humain subit, lui aussi, l'empire de la mode, et la mode, à cette époque, était au grec et au latin, aux mœurs pédantesques, oratoires et polies. Les humanistes gagnaient l'admiration publique et, qui mieux est, la faveur des princes, par l'élégance de leurs distiques, leurs fines épigrammes ou leurs concetti précieux. Partant, tout homme politique était doublé d'un lettré, et les ombres de Plutarque, de Tacite et de Cicéron, sans cesse invoquées, se penchaient, légèrement ironiques, sur les panégyriques qu'écrivaient en latin des favoris heureux, ou sur les mémoires politiques que des ambitieux déçus léguaient à la postérité. Navajerio était de trop bonne maison pour ne pas entrer dans la forme d'esprit alors en vogue et vers laquelle le poussaient, d'ailleurs, sa vive intelligence, une érudition peu commune et la fréquentation des plus beaux esprits de son temps. Comme poète, il fut l'émule des Fracastor, des Longolio et des Bembo, mérite d'être comparé à Catulle, qu'il s'était proposé comme modèle, et ses épigrammes, élégies, odes et églogues, le mirent vite au premier rang des rimeurs ingénieux, corrects et élégants, de ce siècle heureux où les hommes qui avaient des loisirs savaient les ennoblir par leur intelligente admiration, par la poésie de la Grèce et de Rome. Navagerio acquit à ce commerce avec l'antiquité, à part d'autres qualités, l'habitude de l'ordre et de la précision, la mâle simplicité, et ce don de bien voir et de raconter sobrement, qui sont les traits de son tempérament d'écrivain, et dont nous retrouvons l'empreinte dans ses notes de voyage, dont je vais avoir l'honneur de vous lire un extrait.

Ces notes furent écrites pendant le temps que dura son ambassade en Espagne, c'est-à-dire entre 1524 et 1528. Nuls documents ne méritent une attention plus sérieuse que les rapports et les relations du voyage des envoyés vénitiens, car seuls ils offrent des chiffres et des renseignements statistiques. Ce sont de pénétrants observateurs, des diplomates philosophes et savants, chez qui la mémoire exacte du détail se trouve souvent unie à la prompte divination des causes et à la prudence qui soumet toute supposition au contrôle des vérifications personnelles. Aussi rien de plus intéressant et, j'oserai dire, de plus précieux, pour éclairer certains coins de l'histoire de l'Espagne, que le voyage d'André Navagerio. Rappelez-vous qu'il est ambassadeur auprès de Charles-Quint, que Grenade, qu'il visite avec tant de soin et dont il nous raconte si bien les merveilles, était hier encore la capitale adorée de l'infortuné Boabdil ; qu'il lui a été donné de nous décrire l'Espagne à une époque où resplendissaient dans toute leur gloire tant de chefs-d'œuvre appartenant à des architectures si variées et si imposantes.

Henry O'SHEA.

BAYONNE ET LE PAYS BASQUE

EN 1528

On fait environ deux lieues à travers des montagnes, des gorges dangereuses et des cols, au-dessous desquels coule le *Zadorra*; après quoi on descend dans une grande plaine entourée de collines en amphithéâtre, au milieu de laquelle s'élève *Vitoria*, placée sur un plateau. De tous les côtés, dans la plaine et sur les pentes des collines, se voient de nombreux villages, des hameaux et force maisons éparses, ce qui fait un coup d'œil charmant. On assure à Vitoria qu'il y en a autant que de jours dans l'année, peut-être y en a-t-il davantage. Le fait est que c'est un beau pays. On donne à cette région le nom de *Tierra de Alava*; sa superficie est d'environ huit lieues dans le sens de la longueur, et sa largeur peut être de quatre ou cinq. La mer n'y arrive pas. A droite s'étend la Navarre, à gauche la Biscaye, au Nord le Guipuzcoa et au Sud le Rioja. On parle le castillan à Vitoria, mais on comprend le basque, et dans les villages autour c'est cette dernière langue qu'on parle le plus. Les jeunes filles de ce pays, jusqu'à ce qu'elles soient mariées, portent la tête rase, à l'exception de quelques mèches de cheveux qu'elles laissent pousser par places, comme ornements. Cette coutume s'étend à la Biscaye et au Guipuzcoa.

Les villages dans les environs de Vitoria possèdent chacun un bois de chêne qui est la propriété commune de tous les voisins d'un village et, quand on y fait une coupe, chacun de ceux-ci y a sa part. Ces bois sont tous de la même contenance, ayant été plantés à la même époque, et quand on procède à un élagage ou à une coupe, on s'arrange de façon que les arbres ne se dépassent jamais entre eux ; ce qui fait qu'on dirait des orangers en rapport plutôt que des chênes ; et que ceux-ci paraissent être cultivés autant pour leur beauté que pour l'utilité qu'on en retire. Ceci ne contribue pas peu à l'embellissement de ce pays, qu'on dirait couvert de jardins plutôt que de forêts. On s'aperçoit à l'abondance des chênes qu'on n'est plus dans la Castille, où ils sont si rares, et, encore mieux, dans l'Andalousie qui, comme tous les pays chauds, n'en produit pas du tout, du moins si ma mémoire m'est fidèle. La vigne ne vient pas dans l'Alava. La plupart des villages, qui ont à eux tous une population de cinq mille voisins, appartiennent au duc de l'Infantado ; le reste est la propriété de plusieurs nobles. Vitoria, ainsi que je l'ai dit, est située sur une hauteur. La ville, sans être grande, est belle et agréable ; avec de bonnes maisons, des rues bien percées et de nombreuses boutiques. Elle est éloignée de la mer de dix lieues par rapport à Deva, et de dix lieues par rapport à Bilbao. Le royaume de Navarre s'étend à droite, et entre Vitoria et Pampelune il n'y a pas plus de 16 lieues.

Le 22, arrivé à *Alegria*, 2 lieues ; puis à *Salvatierra*, 2 lieues. Salvatierra est un bourg assez plaisant pour le pays dans lequel il se trouve, et qui appartenait au comte de Salvatierra ; mais comme il était *comunero* et s'était montré très-hostile à l'empereur, le roi l'en déposséda. Une lieue et demie sépare Salvatierra de la frontière de Navarre. Le chemin jusqu'à Pampelune est excellent et en plaine. Distance, 12 lieues. A Salvatierra on cultive le poireau de semis. Nous quittâmes Salvatierra le 24 et traversâmes les Pyrénées par un chemin qu'on appelle le *Port de St-Adrien*, dont l'ascension est aussi pénible que la descente. Ce n'est que pierres et que fange, et là où on l'a voulu mettre en bon état, au moyen de traverses en bois, il n'y a que des fondrières, de sorte qu'il eût été préférable de n'en point tenter la réparation. La route passe à travers des forêts de chênes énormes, de houx très-élevés, de tilleuls et d'un grand nombre d'autres essences ; abondantes aussi sont les prairies. Avant d'atteindre le sommet de la montagne, là où commence la montée, se trouve une grande caverne creusée dans le rocher, au sein de la montagne qu'elle traverse de part en part. Cette caverne a la longueur d'un trait d'arbalète et, peut-être, davantage. Il y a dans l'intérieur une source qui coule du rocher au-dessus. On a creusé dans le roc une sorte de maisonnette qui sert d'auberge pendant l'été. On y trouve, aussi, une chapelle dédiée à saint Adrien, d'où vient, probablement, le nom donné à cette montagne. Ce passage est dangereux, très-difficile, et il serait, je crois, impossible à une armée de le forcer. Une fois qu'on l'a franchi on pénètre dans le Guipuzcoa, qui fait partie des Pyrénées. Vu du chemin, le pays, quoique d'un aspect sévère, m'a semblé très vert et très boisé. La caverne dépassée, on rencontre à la descente plusieurs sources d'eaux salines et, plus loin, dans la vallée, un cours d'eau qui grossit ses eaux peu à peu et qui est utilisé par de nombreuses forges établies sur ses bords. Cette petite rivière traverse *Segama*, *Segura*, puis *Tolosa* et va déboucher dans l'Océan à un endroit dit *Oria*, d'où lui vient le nom de *rivière d'Oria*. Ses eaux sont excellentes pour la trempe du fer et ce sont celles, aussi, dont on se sert pour tremper l'acier des lances qu'on fabrique à Alegria et des épées qu'on fait à Tolosa. (1) Nous passâmes le « Port » et arrivâmes à Segama, qui est à trois grandes lieues de Salvatierra. Il se fabrique beaucoup de fer à Segama et dans les environs, qui provient des Pyrénées, et les forges près des rivières sont très nombreuses. A Segura, 1 lieue. On y fait des fers, des vernis, et, il y a quelque temps encore, des aciers. Il s'en fait encore à cinq lieues plus loin. C'est un district qui contient quatre cents voisins. Une heure et demie le sépare de la frontière de la Navarre.

Les femmes de ce pays portent une coiffure des plus étranges. Elles s'entourent la tête d'une étoffe, à la mode turque, mais au lieu de s'enrouler sur elle-même, elle monte en spirale et va s'amincissant jusqu'au sommet où elle prend la forme de la poitrine, du col et du bec d'une grue. Ce même genre de coiffure est porté dans tout le Guipuzcoa et, paraît-il, dans la Biscaye également. La seule différence qui existe entre une coiffure et une autre consiste dans les bizarreries dont on agrémente le sommet et les ressemblan-

---

(1) Les Cantabres étaient renommés pour la trempe de leurs armes, que les Romains, si bons juges en cette matière, appréciaient assez pour les substituer à celles de leurs soldats, peu après la guerre contre les Carthaginois, et c'est en vain qu'ils essayèrent d'en imiter la trempe. Nous lisons dans Suidas : « Romani patriis gladiis depositis Hannibalico bello Hispaniensium assumpserunt.......... sed ferri bonitatem et fabrica solertiam imitari non potuerunt. » Silius Italicus décrit (ii 397) la splendide armure offerte à Hannibal, qui fut fabriquée en Espagne. On ne pouvait comparer à l'acier du pays basque que celui de Bilbilis, aujourd'hui Calatayud, dans l'Aragon, le lieu de naissance du poète Martial, qui parle des eaux du Jalon, dont il vante l'excellence pour la trempe des métaux : « Salone qui ferrum gelat. » (1. 50. 12.) Diodore de Sicile (v. 356) se complaît dans la description de leurs qualités et de leur fabrication. Bilbao fut de tout temps renommé pour ses lames d'épée, et Shakspeare nous montre Falstaff tout fier de son « good Bilbao. »

ces qu'on lui donne avec mille différents objets. (1) On parle dans le Guipuzcoa et dans la Biscaye la même langue, c'est-à-dire le basque. Il n'y a que des nuances provenant de la plus ou moins grande élégance avec laquelle on le parle. C'est bien certainement la langue la plus originale et la plus curieuse que j'ai jamais connue ou entendue. Elle est tout à fait à part et n'a pas un mot qui rappelle le castillan ou qui ressemble à aucune autre langue ; de façon qu'on peut raisonnablement en déduire que c'est la langue primitive de l'Espagne, celle qu'on parlait avant l'arrivée des Romains. Elle n'est pas écrite, mais quand on veut l'écrire, on se sert des caractères castillans, ce qui fait que si la plupart des hommes de ce pays parlent le castillan, les femmes ne connaissent que le basque. Les femmes sont assez belles et blanches. Le pays est très-peuplé. Il n'y a pas de forêt, pour éloignée qu'elle soit, ni de montagnes, quelque élevées qu'elles puissent être, où on ne rencontre des habitations nombreuses. Mais en outre de celles-ci, il y a force domaines qui sont les résidences des nobles. Car il est reconnu en Espagne que la plus pure noblesse se trouve dans cette contrée et, partant, le plus grand compliment que l'on puisse adresser à un noble, c'est de lui dire que sa

---

(1) La ressemblance de costume des Cantabres ou Biscayens, jusqu'au XVIe siècle, avec les Orientaux, est attestée par Andrès de Poça (*De la Antigua lengua*, etc., ch. XI.) « Les femmes, dit-il, portent un turban tout à fait semblable à celui des Tartares ou des Arméniens, et des jupes à larges plis. Les hommes sont vêtus d'une jaquette ouverte, qui laisse voir le cou et une partie de la poitrine ; un bonnet qui ne garantit ni du soleil ni de la pluie, des bottines ou sandales (abarcas) qui ne couvrent que le bas de la jambe. Le Biscayen ne sort jamais sans une petite lance et un coutelas : en entrant dans l'église, il laisse sa lance à la porte, de sorte que le vestibule du temple ressemble à un corps de garde plutôt qu'à la maison du Seigneur. Le couteau, sans lequel l'Espagnol de nos jours ne sort pas plus que ne sortait l'Ibère, est l'arme familière et redoutable que Cicéron appelle *pugiunculus Hispanicusis*. »

maison tire son origine de ce pays-ci. Le fait est que ces forêts ont été le berceau de la noblesse et des plus grandes familles de l'Espagne. (1) Ces gens font des soldats et des marins excellents, et il n'y a pas d'hommes plus intrépides dans le reste de l'Espagne. Ce qui provient probablement de ce qu'ils sont montagnards. Il y en a beaucoup qui quittent leurs maisons pour aller sur mer, ayant pour cela tout ce qu'il faut, de bons ports et un grand nombre de navires qu'ils construisent à peu de frais, à cause des chênes et du fer qu'ils ont en abondance. Le pays étant très-resserré et sa population très-dense, il devient souvent nécessaire d'aller gagner la vie ailleurs. Ce pays ne produit pas de vin et peu de froment. On les reçoit des autres parties de l'Espagne où ils abondent. Ici, au lieu de vignes, on plante des pommiers, qui sont d'abord cultivés en pépinière : puis, dès qu'ils deviennent assez grands, on les transplante avec soin dans les champs où on les espace comme nous faisons avec nos vignes ; mais ils sont plantés plus serrés que ceux que nous cultivons dans nos vergers ; aussi sont-ils très-beaux et on dirait des bois. On fait avec les pommes une espèce de vin qu'on appelle *cidre* (2) et que boivent les gens du

---

(1) Perochegui appelle le pays basque « Antiquisimo seminario de la nobleza de España », et dans Lope de Vega nous lisons que

> Para noble nacimiento
> Hay en España tres partes :
> Galicia, *Vizcaya*, Asturias,
> Oya *montañas* las llaman.

(2) Cidre : en espagnol *sidra*, du latin *siara*, qui vient du grec *sikera*, du mot hébreu *sedar*, enivrer. Le cidre fut pendant longtemps la seule boisson des Ibères. Les Carthaginois introduisirent l'usage de la bière. Quant au vin, ce n'est que dans le siècle dernier qu'il fut connu dans le Guipuzcoa. Le cidre basque avait une grande réputation, et le roi Édouard II d'Angleterre faisait venir son cidre de Bayonne.

peuple. C'est une bonne liqueur, blanche et claire, d'un goût un peu piquant, saine pour ceux qui ont l'habitude d'en boire, mais, sinon, difficile à digérer et mauvaise pour l'estomac. Elle étanche très-bien la soif. Ce vin se fait dans de très-grands pressoirs, qui ressemblent à ceux dont nous nous servons pour faire le vin, seulement il faut, pour celui-ci, plus de force et un plus grand poids. Le fer et l'acier constituent la richesse de ce pays, et fournissent un si grand travail que l'on m'a assuré de la façon la plus positive que dans le Guipuzcoa et dans la Biscaye, le produit annuel s'élève à huit cent mille ducats. (1) On croit généralement que le Guipuzcoa et la Biscaye constituaient anciennement la Cantabrie. D'après certains, le Guipuzcoa serait Vascon. Le Guipuzcoa contient plusieurs ports de mer ; le plus rapproché de la France est Fontarabie, puis, en deçà, Passages, St-Sébastien, Oria et Deva, où commence la Biscaye. Le plus important district dans le Guipuzcoa est celui de Saint-Sébastien, et, en second lieu, celui de Tolosa. Dans la Biscaye, la meilleure ville est Bilbao.

Le 25, de Segura à Villafranca, 1 lieue ; à Alegria, 2 lieues ; à Tolosa, 1 lieue. La route suit toujours les bords de l'Oria, où l'on prend force truites et de petits saumons. Leur abondance est vraiment prodigieuse. On y trouve aussi une quantité extraordinaire de poissons de mer de toutes les espèces, tous excellents et plus gros que chez nous. On y pêche des saumons exquis, des dentales (2), de très-grandes dorades et une espèce de poisson, très-gros, qu'on appelle

---

(1) Medina (*Grandizas de España*) raconte que 300 forges en activité, de son temps, produisaient 300,000 quintaux de fer par an.

(2) Dentales, poisson du genre des spares. On donne ce nom également à des mollusques marins voisins des gastéropodes.

carrelet (1), très-curieux, la tête pointue et le corps tout tacheté de rouge. A St-Sébastien on pêche la baleine à certaine époque de l'année, comme à Bayonne. On fabrique à Tolosa d'excellentes épées et on y trouve ces belles lances de joute et de tournois qu'on envoie dans toute l'Italie et dont les bois, en frêne, sont si droits. (2) Pour arriver à produire des lances et des piques de cette qualité, on plante les frênes en pépinière lorsqu'ils sont tout jeunes, puis on les transplante deux ou trois fois, en ayant soin de les dépouiller de toutes leurs feuilles et de toutes leurs branches, ne leur laissant qu'une tête. De cette façon ils poussent droits et lisses et deviennent propres à fournir le bois des lances et des piques. La culture en est générale et il y a plaisir à voir tous ces bois de frênes si droits et si bien conduits.

Nous sommes restés à Tolosa jusqu'au 29. Le 29 à *Hernani*, 3 lieues. Hernani est traversé par une rivière dite l'*Urumea*. Hernani et quelques autres bourgs des environs furent brûlés par les Français lorsqu'ils prirent Fontarabie.

---

(1) Poisson de mer plat, blanc d'un côté et gris de l'autre, avec quantité de taches rouges, en carreaux, d'où son nom.

(2) « Aste de ginete », lances de cavalier ; genette, de l'espagnol *ginete*, qui se disait d'un cavalier armé à la légère, c'est-à-dire seulement de la lance et du bouclier. *Ginete* vient probablement de *cinetes*, nom donné aux habitants de la contrée entre le cap St-Vincent et le Guadiana, célèbres pour leurs petits chevaux de guerre qu'ils montaient armés d'une lance légère. Certaines troupes de cavalerie maure s'appelaient genétaires. Aller à cheval à la genette, c'était imiter ces cavaliers maures qui montaient avec les étriers fort courts, de manière que l'éperon portait vis-à-vis du flanc du cheval, usage qui continue encore en Orient. Par extension, genet se dit d'une espèce de cheval d'Espagne de petite taille, très-bien proportionné, très-rapide et probablement de race arabe. Se dit en espagnol d'un bon cavalier, « es un bueno ginete. »

Le 30, à Fontarabie, 4 lieues. La route traverse les Pyrénées. Le pays est peu habité. A mi-chemin on laisse *Renteria* à main droite. C'est une bourgade assez florissante, dans le voisinage de la mer. Les Pyrénées finissent à Fontarabie. La ville de *Fontarabie* est située sur un promontoire, ce qui lui fait une très-forte position, et elle est protégée par de très-solides murailles. La mer pénètre, à la marée, dans la rivière qui baigne les murs de la ville et qui sépare l'Espagne de la France. A l'heure de la marée, la ville est presque entièrement entourée de mer. On y pêche des capelans (1) semblables à ceux que l'on prend à Venise, et plusieurs autres variétés de poissons. Nous n'entrâmes pas à Fontarabie, où se croisèrent ce même jour les ambassadeurs français avec ceux de l'empereur. Nous passâmes la rivière à Hendaye et, après avoir ainsi débarqué en France, nous nous rendîmes à St-Jean-de-Luz, 2 lieues, et puis à Bayonne, 3 lieues.

NOTE : *Ici finit le voyage en Espagne et commence le voyage en France.*

---

(1) Le capelan est un petit poisson de mer d'une chair délicate et dont les pêcheurs de morue se servent pour appât. Le nom scientifique est *gadus minutus* et souvent *gadus blennoïdes*. Capelanier se dit du marin chargé de semer le capelan pour attirer la morue.

La ville de *St-Jean-de-Luz* est sur l'Océan. Elle n'est pas grande, mais, en temps de guerre, sa situation près de la mer la rendrait importante. C'était, il y a quelque temps encore, l'entrepôt du commerce lyonnais entre la France et l'Espagne, ce qui était une source de prospérité pour la ville. Ce commerce n'a pas disparu. Pour entrer dans la ville il faut passer une rivière en barque. Cette rivière est plutôt un bras de mer. De St-Jean-de-Luz à Bayonne, 3 lieues. Le 30 mai 1528, nous arrivâmes à Bayonne.

Bayonne est une place forte, bien pourvue d'artillerie et ceinte de murailles très-épaisses. Il y a en plusieurs endroits des marécages, par où la nature semble avoir préparé ce que l'art a achevé pour assurer la défense. Une demi-lieue sépare la ville de l'Océan, mais il faut trois heures pour les navires qui ont à remonter la rivière; ceux-ci arrivent jusqu'au rivage, la rivière étant navigable pour des navires de six cents tonneaux. Cette rivière, qui s'appelle *la Lande*, n'entre pas dans la ville, mais passe en dehors des murs. La ville est traversée par une autre rivière appelée *la Nive*, et qui, en sortant de la ville, se jette dans *la Lande*. Je ne sache pas qu'il ait été fait mention de *la Nive* par les anciens auteurs. Pour ce qui est de *la Lande*, c'est différent; elle est mentionnée par Ptolémée, Lucain et Ausone, qui l'appellent *Aturius*; parfois, aussi, Ausone, pour le vers, je pense, écrit *Aturrus*:

« ..... *Tarbellius ibit Aturrus.* »

tandis que Ptolémée lui donne le nom de *Aturius* et Lucain dit également : *rura Nemossi qui tenet, et ripas Aturi-qua litore curoo molliter admissum, claudit Tarbellicus* æquor. (1) Au sujet de Bayonne, on ne trouve rien, parce que ce n'est pas une très-ancienne cité, mais la contrée où elle est appartenait aux Tarbelliens. Aujourd'hui ce pays s'appelle *la Terre de Labourd* et fait partie de l'Aquitaine, que par corruption on dit aujourd'hui Guienne. On y fait beaucoup de vin avec des pommes, comme dans le Guipuzcoa et dans la Biscaye ; seulement, tandis que là on l'appelle *cidre*, ici on dit *pomade*. (2) La marée se fait sentir plus haut que Bayonne et, un peu plus loin au delà, plusieurs rivières se jettent dans *la Lande*. Ce dernier fleuve prend sa source dans les montagnes de l'Auvergne. Le poisson est très abondant à Bayonne, celui qui vient de la mer comme celui qu'on pêche dans la rivière. Dans la rivière, sans parler de plusieurs autres espèces, on prend une grande quantité de très beaux saumons, d'excellente qualité, et, dans la mer, une infinité d'espèces beaucoup plus variées que dans nos mers, et celles qu'on trouve chez nous acquièrent ici de bien plus grandes dimensions. Mais ce qu'il y a de plus curieux, c'est la baleine, dont on en prend au moins une tous les ans, soit ici, soit à St-Jean-de-Luz. Cette pêche est très dangereuse parce que, pour prendre la baleine, il faut la combattre et dans ces combats on est souvent blessé par suite de la fureur qu'elle met à se défendre. Dès qu'on s'aperçoit qu'une baleine se rapproche de terre — ce qui a lieu à une certaine époque de l'année — et qu'on remarque

---

(1) Ura, udap, duero, l'*Adur*, du comté de Sussex, en Angleterre, et qui se retrouve dans tous les noms de rivière, Urrumea, Oria, etc., etc.

(2) On trouve presque toujours dans les anciens textes *pomade* avec le sens de cidre. On disait aussi et on dit encore *pommage* pour cru de cidre : vient naturellement de pomme. D'ailleurs la *pommade*, préparation de la parfumerie, est ainsi dite, parce qu'elle était primitivement un cosmétique où entraient de la graisse et des *pommes*.

qu'elle est fatiguée, on lance en mer des barques montées par de nombreux pêcheurs qui d'abord se dirigent au large, puis tournent la proue vers la terre et se mettent à ramer. Or la baleine, comme il arrive avec tous les cétacés, ne peut pas demeurer longtemps sous l'eau, mais monte souvent à la surface de l'eau pour respirer. Saisissant ce moment, les pêcheurs, de leurs bateaux, lui lancent des tridents auxquels sont attachées des cordes. Le monstre, dès qu'il se sent blessé, entre dans une grande fureur, plonge et va droit aux barques contre lesquelles il frappe avec la queue relevée, et cela avec une telle violence que souvent les barques sont mises en pièces, et les pêcheurs sont obligés de s'enfuir au plustôt en relâchant la corde attachée au trident, lequel reste dans le flanc de la bête et ne peut s'en détacher à cause de son extrémité recourbée. Le monstre reparaît-il pour respirer de nouveau, vite on lui lance d'autres tridents et cela continue jusqu'à ce que, plusieurs fois blessé, à bout de forces et toujours retenu par de nombreux cordages qui paralysent ses mouvements, il ne puisse plus se défendre. On le ramène alors de plus en plus près de terre, et dès qu'il se trouve dans des eaux peu profondes, les pêcheurs s'enhardissent jusqu'à l'approcher et l'achèvent facilement. Après cela, tout heureux de cette capture, ils s'empressent de tirer la bête sur la plage où son poids énorme fait de grands trous qui se voient encore pendant longtemps. Sans plus tarder on découpe la baleine. Une partie se vend fraîche et on assure que c'est de l'excellente viande ; une autre se sale et de la tête, qui contient une graisse toute particulière, on extrait plusieurs tonnes d'huile. On dit que la langue est un mets exquis. En somme, on en retire une quantité de viande suffisante pour en expédier dans toutes les parties de la France, ce qui fait que la France tout entière peut manger d'une baleine. Une baleine ne rapporte jamais moins de deux cents ducats. On assure, cependant, que celles que l'on pêche ici ne sont pas les plus grandes, car celles-ci ne se laissent guère prendre, mais que ce sont de toutes jeunes, et on m'a raconté comme quoi il arriva une fois qu'une grande baleine étant accourue au secours de son baleineau, qu'on pourchassait, sa fureur fut telle que plusieurs pêcheurs perdirent la vie et que les autres furent contraints d'abandonner leur proie et de s'enfuir au plus vite. Ce doit être un énorme poisson si j'en juge par les fanons qu'on m'a montré à Bayonne et qu'il a plein le corps. Avec ces fanons, qui sont comme des vertèbres, on fabrique des baguettes noires.

Sur la plage, près de Bayonne, on trouve une grande quantité d'ambre (1) qui n'est pas mauvais quoique de qualité inférieure à celui qui nous vient du Levant. Il paraît que les renards recherchent cet ambre et le vont chercher tout le long de la mer et, dès qu'ils le trouvent, ils l'avalent, mais, ne le pouvant digérer, le rendent et l'enfouissent. Dans ce dernier état on en trouve beaucoup, mais il n'est pas aussi bon que celui qui n'a pas été avalé par les renards.

Les gens de ce pays sont très gais et l'opposé des Espagnols qui ne se départent jamais de leur gravité. Ici on ne songe qu'à rire, danser et s'amuser ; aussi ne revient-on pas du changement si brusque qu'on observe en ne faisant que traverser la frontière. On voit aux portes de la ville des terrains disposés en forme de carrés, que l'on clôture afin

---

(1) Il y a deux substances différentes sous ce nom ; s'agit-il ici de l'ambre gris, matière concrète ayant la consistance de la cire et une couleur cendrée, répandant une odeur très-forte, ou bien l'ambre jaune ou succin, substance fossile, bitumineuse, acquérant une odeur agréable par le frottement et qui est l'*electrum* des anciens ?

d'empêcher les animaux d'y pénétrer. Ils sont recouverts de branchages et le sol est si bien nivelé qu'on n' saurait y signaler la moindre inégalité. On y répand du sable pour qu'il soit bien sec, et tout y est soigneusement préparé. C'est là que les hommes vont passer tout leur temps à jouer à la balle, aux quilles et à divers autres jeux. On fabrique à Bayonne d'excellentes arbalètes. Nous restâmes à Bayonne jusqu'au 5 juin.

Henry O'SHEA.

www.ingramcontent.com/pod-product-compliance
Lightning Source LLC
Chambersburg PA
CBHW071443060426
42450CB00009BA/2285